TRANZLATY

El idioma es para todos

Kieli kuuluu kaikille

La Bella y la Bestia

Kaunotar ja Hirviö

Gabrielle-Suzanne Barbot de Villeneuve

Español / Suomi

Copyright © 2025 Tranzlaty
All rights reserved
Published by Tranzlaty
ISBN: 978-1-80572-077-5
Original text by Gabrielle-Suzanne Barbot de Villeneuve
La Belle et la Bête
First published in French in 1740
Taken from The Blue Fairy Book (Andrew Lang)
Illustration by Walter Crane
www.tranzlaty.com

Había una vez un rico comerciante
Olipa kerran rikas kauppias
Este rico comerciante tuvo seis hijos.
tällä rikkaalla kauppiaalla oli kuusi lasta
Tenía tres hijos y tres hijas.
hänellä oli kolme poikaa ja kolme tytärtä
No escatimó en gastos para su educación
hän ei säästänyt kustannuksia heidän koulutuksestaan
Porque era un hombre sensato
koska hän oli järkevä mies
pero dio a sus hijos muchos siervos
mutta hän antoi lapsilleen paljon palvelijoita
Sus hijas eran extremadamente bonitas
hänen tyttärensä olivat erittäin kauniita
Y su hija menor era especialmente bonita.
ja hänen nuorin tyttärensä oli erityisen kaunis
Desde niña ya admiraban su belleza
Hänen kauneuttaan ihailtiin jo lapsena
y la gente la llamaba por su belleza
ja ihmiset kutsuivat häntä hänen kauneutensa vuoksi
Su belleza no se desvaneció a medida que envejecía.
hänen kauneutensa ei haihtunut vanhetessaan
Así que la gente seguía llamándola por su belleza.
joten ihmiset kutsuivat häntä kauneutensa takia
Esto puso muy celosas a sus hermanas.
tämä sai hänen sisarensa hyvin mustasukkaiseksi
Las dos hijas mayores tenían mucho orgullo.
kahdella vanhimmalla tyttärellä oli paljon ylpeyttä
Su riqueza era la fuente de su orgullo.
heidän rikkautensa oli heidän ylpeytensä lähde
y tampoco ocultaron su orgullo
eivätkä he myöskään piilottaneet ylpeyttään
No visitaron a las hijas de otros comerciantes.
he eivät käyneet muiden kauppiaiden tyttärien luona
Porque sólo se encuentran con la aristocracia.
koska he kohtaavat vain aristokratian

Salían todos los días a fiestas.
he menivät joka päivä juhliin
bailes, obras de teatro, conciertos, etc.
pallot, näytelmät, konsertit ja niin edelleen
y se rieron de su hermana menor
ja he nauroivat nuorimmalle siskolleen
Porque pasaba la mayor parte del tiempo leyendo
koska hän vietti suurimman osan ajastaan lukemiseen
Era bien sabido que eran ricos
tiedettiin hyvin, että he olivat varakkaita
Así que varios comerciantes eminentes pidieron su mano.
joten useat merkittävät kauppiaat pyysivät heidän kättään
pero dijeron que no se iban a casar
mutta he sanoivat, etteivät aio mennä naimisiin
Pero estaban dispuestos a hacer algunas excepciones.
mutta he olivat valmiita tekemään joitain poikkeuksia
"Quizás podría casarme con un duque"
"ehkä voisin mennä naimisiin herttuan kanssa"
"Supongo que podría casarme con un conde"
"Luulen, että voisin mennä naimisiin Earlin kanssa"
Bella agradeció muy civilizadamente a quienes le propusieron matrimonio.
kaunotar kiitti hyvin sivistyneesti häntä kosineita
Ella les dijo que todavía era demasiado joven para casarse.
hän kertoi heille olevansa vielä liian nuori mennäkseen naimisiin
Ella quería quedarse unos años más con su padre.
hän halusi olla vielä muutaman vuoden isänsä luona
De repente el comerciante perdió su fortuna.
Yhtäkkiä kauppias menetti omaisuutensa
Lo perdió todo excepto una pequeña casa de campo.
hän menetti kaiken paitsi pienen maalaistalon
Y con lágrimas en los ojos les dijo a sus hijos:
ja hän sanoi lapsilleen kyyneleet silmissään:
"Tenemos que ir al campo"
"Meidän täytyy mennä maaseudulle"

"y debemos trabajar para vivir"
"ja meidän on tehtävä työtä elantomme eteen"
Las dos hijas mayores no querían abandonar el pueblo.
kaksi vanhinta tytärtä eivät halunneet lähteä kaupungista
Tenían varios amantes en la ciudad.
heillä oli kaupungissa useita rakastajia
y estaban seguros de que uno de sus amantes se casaría con ellos
ja he olivat varmoja, että joku heidän rakastajistaan menisi heidän kanssaan naimisiin
Pensaban que sus amantes se casarían con ellos incluso sin fortuna.
he luulivat, että heidän rakastajansa menivät heidän kanssaan naimisiin ilman omaisuutta
Pero las buenas damas estaban equivocadas.
mutta hyvät naiset erehtyivät
Sus amantes los abandonaron muy rápidamente
heidän rakastajansa hylkäsivät heidät hyvin nopeasti
porque ya no tenían fortuna
koska heillä ei ollut enää omaisuutta
Esto demostró que en realidad no eran muy queridos.
tämä osoitti, että he eivät olleet kovin pidettyjä
Todos dijeron que no merecían compasión.
kaikki sanoivat, että he eivät ansaitse tulla sääliksi
"Nos alegra ver su orgullo humillado"
"Olemme iloisia nähdessämme heidän ylpeytensä nöyrtyvän"
"Que se sientan orgullosos de ordeñar vacas"
"olkoot ylpeitä lypsävistä lehmistä"
Pero estaban preocupados por Bella.
mutta he olivat huolissaan kauneudesta
Ella era una criatura tan dulce
hän oli niin suloinen olento
Ella hablaba tan amablemente a la gente pobre.
hän puhui niin ystävällisesti köyhille
Y ella era de una naturaleza tan inocente.
ja hän oli niin viaton luonne

Varios caballeros se habrían casado con ella.
Useat herrat olisivat menneet naimisiin hänen kanssaan
Se habrían casado con ella aunque fuera pobre
he olisivat menneet naimisiin hänen kanssaan, vaikka hän oli köyhä
pero ella les dijo que no podía casarlos
mutta hän sanoi heille, ettei hän voisi mennä naimisiin heidän kanssaan
porque ella no dejaría a su padre
koska hän ei jättäisi isäänsä
Ella estaba decidida a ir con él al campo.
hän oli päättänyt lähteä hänen kanssaan maaseudulle
para que ella pudiera consolarlo y ayudarlo
jotta hän voisi lohduttaa ja auttaa häntä
La pobre belleza estaba muy triste al principio.
Huono kauneus oli aluksi hyvin surullinen
Ella estaba afligida por la pérdida de su fortuna.
hän oli surullinen omaisuutensa menetyksestä
"Pero llorar no cambiará mi suerte"
"mutta itkeminen ei muuta onneani"
"Debo intentar ser feliz sin riquezas"
"Minun täytyy yrittää tehdä itseni onnelliseksi ilman varallisuutta"
Llegaron a su casa de campo
he tulivat maalaistalolleen
y el comerciante y sus tres hijos se dedicaron a la agricultura
ja kauppias ja hänen kolme poikaansa ryhtyivät karjanhoitoon
Bella se levantó a las cuatro de la mañana.
kauneus nousi neljältä aamulla
y se apresuró a limpiar la casa
ja hän kiirehti siivoamaan taloa
y se aseguró de que la cena estuviera lista
ja hän varmisti, että illallinen oli valmis
Al principio encontró su nueva vida muy difícil.
alussa hän koki uuden elämänsä erittäin vaikeaksi
porque no estaba acostumbrada a ese tipo de trabajo

koska hän ei ollut tottunut sellaiseen työhön
Pero en menos de dos meses se hizo más fuerte.
mutta alle kahdessa kuukaudessa hän vahvistui
Y ella estaba más sana que nunca.
ja hän oli terveempi kuin koskaan ennen
Después de haber hecho su trabajo, leyó
kun hän oli tehnyt työnsä, hän luki
Ella tocaba el clavicémbalo
hän soitti cembaloa
o cantaba mientras hilaba seda
tai hän lauloi samalla kun hän kehräsi silkkiä
Por el contrario, sus dos hermanas no sabían cómo pasar el tiempo.
päinvastoin, hänen kaksi sisartaan eivät tienneet kuinka viettää aikaansa
Se levantaron a las diez y no hicieron nada más que holgazanear todo el día.
he nousivat kymmeneltä eivätkä tehneet muuta kuin laiskotellen koko päivän
Lamentaron la pérdida de sus hermosas ropas.
he valittivat hienojen vaatteensa menetystä
y se quejaron de perder a sus conocidos
ja he valittivat tuttaviensa menettämisestä
"Mirad a nuestra hermana menor", se dijeron.
"Katsokaa meidän nuorinta siskoamme", he sanoivat toisilleen
"¡Qué criatura tan pobre y estúpida es!"
"mikä köyhä ja tyhmä olento hän on"
"Es mezquino contentarse con tan poco"
"on ikävää olla tyytyväinen niin vähään"
El amable comerciante tenía una opinión muy diferente.
ystävällinen kauppias oli aivan eri mieltä
Él sabía muy bien que Bella eclipsaba a sus hermanas.
hän tiesi erittäin hyvin, että kauneus loisti hänen sisarensa
Ella los eclipsó tanto en carácter como en mente.
hän ylitti heidät luonteeltaan ja mieleltään
Él admiraba su humildad y su arduo trabajo.

hän ihaili hänen nöyryyttään ja kovaa työtä
Pero sobre todo admiraba su paciencia.
mutta ennen kaikkea hän ihaili hänen kärsivällisyyttään
Sus hermanas le dejaron todo el trabajo por hacer.
hänen sisarensa jättivät hänelle kaiken työn
y la insultaban a cada momento
ja he loukkasivat häntä joka hetki
La familia había vivido así durante aproximadamente un año.
Perhe oli elänyt tällä tavalla noin vuoden
Entonces el comerciante recibió una carta de un contable.
sitten kauppias sai kirjeen kirjanpitäjältä
Tenía una inversión en un barco.
hänellä oli sijoitus laivaan
y el barco había llegado sano y salvo
ja laiva oli turvallisesti perillä
Esta noticia hizo que las dos hijas mayores se volvieran locas.
t hänen uutisensa käänsivät kahden vanhimman tyttären päät
Inmediatamente tuvieron esperanzas de regresar a la ciudad.
heillä oli heti toivo palata kaupunkiin
Porque estaban bastante cansados de la vida en el campo.
koska he olivat melko väsyneitä maalaiselämään
Fueron a ver a su padre cuando él se iba.
he menivät isänsä luo, kun tämä oli lähdössä
Le rogaron que les comprara ropa nueva
he pyysivät häntä ostamaan heille uusia vaatteita
Vestidos, cintas y todo tipo de cositas.
mekkoja, nauhoja ja kaikenlaisia pikkuasioita
Pero Bella no pedía nada.
mutta kauneus ei pyytänyt mitään
Porque pensó que el dinero no sería suficiente.
koska hän ajatteli, että rahat eivät riittäisi
No habría suficiente para comprar todo lo que sus hermanas querían.
ei riittäisi ostamaan kaikkea, mitä hänen sisarensa halusivat

- ¿Qué te gustaría, Bella? -preguntó su padre.
"Mitä sinä haluaisit, kaunotar?" kysyi isänsä
"Gracias, padre, por la bondad de pensar en mí", dijo.
"Kiitos, isä, että ajattelit minua", hän sanoi
"Padre, ten la amabilidad de traerme una rosa"
"Isä, ole niin ystävällinen ja tuo minulle ruusu"
"Porque aquí en el jardín no crecen rosas"
"koska ruusuja ei kasva täällä puutarhassa"
"y las rosas son una especie de rareza"
"ja ruusut ovat eräänlainen harvinaisuus"
A Bella realmente no le importaban las rosas
kauneus ei todellakaan välittänyt ruusuista
Ella solo pidió algo para no condenar a sus hermanas.
hän vain pyysi jotain, jotta hän ei tuomitsisi sisaruksiaan
Pero sus hermanas pensaron que ella pidió rosas por otros motivos.
mutta hänen sisarensa luulivat, että hän pyysi ruusuja muista syistä
"Lo hizo sólo para parecer especial"
"hän teki sen vain näyttääkseen erityiseltä"
El hombre amable continuó su viaje.
Ystävällinen mies lähti matkaansa
pero cuando llego discutieron sobre la mercancia
mutta kun hän saapui, he riitelivät tavarasta
Y después de muchos problemas volvió tan pobre como antes.
ja monen vaivan jälkeen hän palasi takaisin yhtä köyhänä kuin ennenkin
Estaba a un par de horas de su propia casa.
hän oli muutaman tunnin päässä omasta talostaan
y ya imaginaba la alegría de ver a sus hijos
ja hän kuvitteli jo lastensa näkemisen ilon
pero al pasar por el bosque se perdió
mutta metsän halki kulkiessaan hän eksyi
Llovió y nevó terriblemente
satoi ja satoi kauheasti

El viento era tan fuerte que lo arrojó del caballo.
tuuli oli niin kova, että se heitti hänet hevosestaan
Y la noche se acercaba rápidamente
ja yö tuli nopeasti
Empezó a pensar que podría morir de hambre.
hän alkoi ajatella, että hän näkisi nälkään
y pensó que podría morir congelado
ja hän ajatteli, että hän voisi jäätyä kuoliaaksi
y pensó que los lobos podrían comérselo
ja hän ajatteli, että sudet voivat syödä hänet
Los lobos que oía aullar a su alrededor
sudet, jotka hän kuuli ulvovan ympärillään
Pero de repente vio una luz.
mutta yhtäkkiä hän näki valon
Vio la luz a lo lejos entre los árboles.
hän näki valon kaukaa puiden läpi
Cuando se acercó vio que la luz era un palacio.
kun hän tuli lähemmäksi, hän näki valon olevan palatsi
El palacio estaba iluminado de arriba a abajo.
palatsi oli valaistu ylhäältä alas
El comerciante agradeció a Dios por su suerte.
kauppias kiitti Jumalaa onnesta
y se apresuró a ir al palacio
ja hän kiirehti palatsiin
Pero se sorprendió al no ver gente en el palacio.
mutta hän oli yllättynyt, kun hän ei nähnyt ihmisiä palatsissa
El patio estaba completamente vacío.
piha oli täysin tyhjä
y no había señales de vida en ninguna parte
eikä elon merkkiä näkynyt missään
Su caballo lo siguió hasta el palacio.
hänen hevosensa seurasi häntä palatsiin
y luego su caballo encontró un gran establo
ja sitten hänen hevosensa löysi suuren tallin
El pobre animal estaba casi muerto de hambre.
köyhä eläin oli melkein nälkäinen

Entonces su caballo fue a buscar heno y avena.
niin hänen hevosensa meni etsimään heinää ja kauraa
Afortunadamente encontró mucho para comer.
onneksi hän löysi runsaasti syötävää
y el mercader ató su caballo al pesebre
ja kauppias sitoi hevosensa seimeen
Caminando hacia la casa no vio a nadie.
kävellessään kohti taloa hän ei nähnyt ketään
Pero en un gran salón encontró un buen fuego.
mutta suuresta salista hän löysi hyvän tulen
y encontró una mesa puesta para uno
ja hän löysi yhdelle katetun pöydän
Estaba mojado por la lluvia y la nieve.
hän oli märkä sateesta ja lumesta
Entonces se acercó al fuego para secarse.
niin hän meni lähelle tulta kuivaamaan
"Espero que el dueño de la casa me disculpe"
"Toivon, että talon isäntä antaa minulle anteeksi"
"Supongo que no tardará mucho en aparecer alguien"
"Ei kestä kauan, että joku ilmestyy"
Esperó un tiempo considerable
Hän odotti pitkään
Esperó hasta que dieron las once y todavía no venía nadie.
hän odotti, kunnes kello osui yksitoista, eikä kukaan tullut vieläkään
Al final tenía tanta hambre que no podía esperar más.
vihdoin hän oli niin nälkäinen, ettei hän voinut odottaa enää
Tomó un poco de pollo y se lo comió en dos bocados.
hän otti kanaa ja söi sen kahdessa suupalassa
Estaba temblando mientras comía la comida.
hän vapisi syödessään ruokaa
Después de esto bebió unas copas de vino.
tämän jälkeen hän joi muutaman lasin viiniä
Cada vez más valiente, salió del salón.
rohkaistuessaan hän lähti salista
y atravesó varios grandes salones

ja hän kulki useiden suurien hallien läpi
Caminó por el palacio hasta llegar a una cámara.
hän käveli palatsin läpi, kunnes tuli kammioon
Una habitación que tenía una cama muy buena.
kammio, jossa oli erittäin hyvä sänky
Estaba muy fatigado por su terrible experiencia.
hän oli hyvin väsynyt koettelemuksestaan
Y ya era pasada la medianoche
ja kello oli jo yli puolenyön
Entonces decidió que era mejor cerrar la puerta.
joten hän päätti, että oli parasta sulkea ovi
y concluyó que debía irse a la cama
ja hän päätti, että hänen pitäisi mennä nukkumaan
Eran las diez de la mañana cuando el comerciante se despertó.
Kello oli kymmenen aamulla, kun kauppias heräsi
Justo cuando iba a levantarse vio algo
juuri kun hän aikoi nousta, hän näki jotain
Se sorprendió al ver un conjunto de ropa limpia.
hän hämmästyi nähdessään puhtaan vaatesarjan
En el lugar donde había dejado su ropa sucia.
paikkaan, johon hän oli jättänyt likaiset vaatteensa
"Seguramente este palacio pertenece a algún tipo de hada"
"Tämä palatsi kuuluu varmasti jollekin keijulle"
" Un hada que me ha visto y se ha compadecido de mí"
" keiju , joka on nähnyt ja säälinyt minut"
Miró por una ventana
hän katsoi ikkunasta
Pero en lugar de nieve vio el jardín más delicioso.
mutta lumen sijasta hän näki mitä ihanamman puutarhan
Y en el jardín estaban las rosas más hermosas.
ja puutarhassa oli kauneimpia ruusuja
Luego regresó al gran salón.
sitten hän palasi suureen saliin
El salón donde había tomado sopa la noche anterior.
sali, jossa hän oli syönyt keittoa edellisenä iltana

y encontró un poco de chocolate en una mesita
ja hän löysi suklaata pieneltä pöydältä
"Gracias, buena señora hada", dijo en voz alta.
"Kiitos, hyvä rouva Fairy", hän sanoi ääneen
"Gracias por ser tan cariñoso"
"Kiitos että olet niin välittävä"
"Le estoy sumamente agradecido por todos sus favores"
"Olen erittäin kiitollinen sinulle kaikista palveluksistasi"
El hombre amable bebió su chocolate.
kiltti mies joi suklaansa
y luego fue a buscar su caballo
ja sitten hän meni etsimään hevosta
Pero en el jardín recordó la petición de Bella.
mutta puutarhassa hän muisti kauneuden pyynnön
y cortó una rama de rosas
ja hän katkaisi ruusuista oksan
Inmediatamente oyó un gran ruido
heti hän kuuli suuren äänen
y vio una bestia terriblemente espantosa
ja hän näki hirveän pelottavan pedon
Estaba tan asustado que estaba a punto de desmayarse.
hän oli niin peloissaan, että oli valmis pyörtymään
-Eres muy desagradecido -le dijo la bestia.
"Olet hyvin kiittämätön", sanoi peto hänelle
Y la bestia habló con voz terrible
ja peto puhui kauhealla äänellä
"Te he salvado la vida al permitirte entrar en mi castillo"
"Olen pelastanut henkesi päästämällä sinut linnaani"
"¿Y a cambio me robas mis rosas?"
"ja tästä varastat ruusuni vastineeksi?"
"Las rosas que valoro más que nada"
"Ruusut, joita arvostan yli kaiken"
"Pero morirás por lo que has hecho"
"mutta sinun on kuoltava sen tähden, mitä olet tehnyt"
"Sólo te doy un cuarto de hora para que te prepares"
"Annan sinulle vain neljännestuntia valmistautua"

"Prepárate para la muerte y di tus oraciones"
"Valmistaudu kuolemaan ja rukoile"
El comerciante cayó de rodillas
kauppias lankesi polvilleen
y alzó ambas manos
ja hän kohotti molemmat kätensä
"Mi señor, le ruego que me perdone"
"Herrani, pyydän teitä antamaan minulle anteeksi"
"No tuve intención de ofenderte"
"Minulla ei ollut aikomusta loukata sinua"
"Recogí una rosa para una de mis hijas"
"Kokoin ruusun yhdelle tyttärestäni"
"Ella me pidió que le trajera una rosa"
"hän pyysi minua tuomaan hänelle ruusun"
-No soy tu señor, pero soy una bestia -respondió el monstruo.
"En ole herrasi, mutta olen peto", vastasi hirviö
"No me gustan los cumplidos"
"En pidä kohteliaisuuksista"
"Me gusta la gente que habla como piensa"
"Pidän ihmisistä, jotka puhuvat niin kuin ajattelevat"
"No creas que me puedo conmover con halagos"
"älä kuvittele, että imartelu voi liikuttaa minua"
"Pero dices que tienes hijas"
"Mutta sinä sanot, että sinulla on tyttäriä"
"Te perdonaré con una condición"
"Annan sinulle anteeksi yhdellä ehdolla"
"Una de tus hijas debe venir voluntariamente a mi palacio"
"Yksi tyttäreistäsi täytyy tulla palatsiini mielellään"
"y ella debe sufrir por ti"
"ja hänen täytyy kärsiä puolestasi"
"Déjame tener tu palabra"
"Anna minun sanoa sanasi"
"Y luego podrás continuar con tus asuntos"
"ja sitten voit hoitaa asioitasi"
"Prométeme esto:"

"Lupaa minulle tämä:"
"Si tu hija se niega a morir por ti, deberás regresar dentro de tres meses"
"Jos tyttäresi kieltäytyy kuolemasta puolestasi, sinun on palattava kolmen kuukauden kuluessa"
El comerciante no tenía intenciones de sacrificar a sus hijas.
kauppiaalla ei ollut aikomusta uhrata tyttäriään
Pero, como le habían dado tiempo, quiso volver a ver a sus hijas.
mutta koska hänelle oli annettu aikaa, hän halusi nähdä tyttärensä vielä kerran
Así que prometió que volvería.
joten hän lupasi palata
Y la bestia le dijo que podía partir cuando quisiera.
ja peto sanoi hänelle, että hän voisi lähteä liikkeelle, kun hän haluaa
y la bestia le dijo una cosa más
ja peto kertoi hänelle vielä yhden asian
"No te irás con las manos vacías"
"älä lähde tyhjin käsin"
"Vuelve a la habitación donde yacías"
"Mene takaisin huoneeseen, jossa makasit"
"Verás un gran cofre del tesoro vacío"
"näet suuren tyhjän aarrearkun"
"Llena el cofre del tesoro con lo que más te guste"
"täytä aarrearkku millä tahansa parhaalla tavalla"
"y enviaré el cofre del tesoro a tu casa"
"ja minä lähetän aarrearkun kotiisi"
Y al mismo tiempo la bestia se retiró.
ja samalla peto vetäytyi
"Bueno", se dijo el buen hombre.
"No", sanoi hyvä mies itselleen
"Si tengo que morir, al menos dejaré algo a mis hijos"
"Jos minun on kuoltava, jätän ainakin jotain lapsilleni"
Así que regresó al dormitorio.
niin hän palasi makuuhuoneeseen

y encontró una gran cantidad de piezas de oro
ja hän löysi paljon kultahiukkasia
Llenó el cofre del tesoro que la bestia había mencionado.
hän täytti pedon mainitseman aarrearkun
y sacó su caballo del establo
ja hän vei hevosensa tallista
La alegría que sintió al entrar al palacio ahora era igual al dolor que sintió al salir de él.
ilo, jonka hän tunsi astuessaan palatsiin, oli nyt yhtä suuri kuin suru, jonka hän tunsi sieltä poistuessaan
El caballo tomó uno de los caminos del bosque.
hevonen kulki yhdellä metsän teistä
Y en pocas horas el buen hombre estaba en casa.
ja muutaman tunnin kuluttua hyvä mies oli kotona
Sus hijos vinieron a él
hänen lapsensa tulivat hänen luokseen
Pero en lugar de recibir sus abrazos con placer, los miró.
mutta sen sijaan, että hän olisi vastaanottanut heidän syleilynsä ilolla, hän katsoi heitä
Levantó la rama que tenía en sus manos.
hän kohotti oksaa, joka hänellä oli käsissään
y luego estalló en lágrimas
ja sitten hän purskahti itkuun
"Belleza", dijo, "por favor toma estas rosas".
"Kauneus", hän sanoi, "ottakaa nämä ruusut"
"No puedes saber lo costosas que han sido estas rosas"
"et voi tietää kuinka kalliita nämä ruusut ovat olleet"
"Estas rosas le han costado la vida a tu padre"
"nämä ruusut ovat maksaneet isällesi hänen henkensä"
Y luego contó su fatal aventura.
ja sitten hän kertoi kohtalokkaasta seikkailustaan
Inmediatamente las dos hermanas mayores gritaron.
heti kaksi vanhinta sisarta huusivat
y le dijeron muchas cosas malas a su hermosa hermana
ja he sanoivat monia ilkeitä asioita kauniille siskolleen
Pero Bella no lloró en absoluto.

mutta kauneus ei itkenyt ollenkaan
"**Mirad el orgullo de ese pequeño desgraciado**", dijeron.
"Katsokaa tuon pienen kurjan ylpeyttä", he sanoivat
"**ella no pidió ropa fina**"
"hän ei pyytänyt hienoja vaatteita"
"**Ella debería haber hecho lo que hicimos**"
"hänen olisi pitänyt tehdä mitä me teimme"
"**ella quería distinguirse**"
"hän halusi erottua"
"**Así que ahora ella será la muerte de nuestro padre**"
"niin nyt hän on isämme kuolema"
"**Y aún así no derrama ni una lágrima**"
"ja silti hän ei vuodata kyynelettä"
"**¿Por qué debería llorar?**" respondió Bella
"Miksi minun pitäisi itkeä?" vastasi kaunotar
"**Llorar sería muy innecesario**"
"itkeminen olisi turhaa"
"**mi padre no sufrirá por mí**"
"isäni ei kärsi puolestani"
"**El monstruo aceptará a una de sus hijas**"
"hirviö hyväksyy yhden tyttärestään"
"**Me ofreceré a toda su furia**"
"Annan itseni kaikelle hänen raivolleen"
"**Estoy muy feliz, porque mi muerte salvará la vida de mi padre**"
"Olen hyvin onnellinen, koska kuolemani pelastaa isäni hengen"
"**mi muerte será una prueba de mi amor**"
"Kuolemani on todiste rakkaudestani"
-No, hermana -dijeron sus tres hermanos.
"Ei, sisko", sanoi hänen kolme veljeään
"**Eso no será**"
"se ei tule olemaan"
"**Iremos a buscar al monstruo**"
"Me lähdemme etsimään hirviötä"
"**y o lo matamos...**"

"ja joko tapamme hänet..."
"...o pereceremos en el intento"
"...tai me tuhoudumme yrityksessä"
"No imaginéis tal cosa, hijos míos", dijo el mercader.
"Älkää kuvitelko mitään sellaista, poikani", sanoi kauppias
"El poder de la bestia es tan grande que no tengo esperanzas de que puedas vencerlo"
"pedon voima on niin suuri, että minulla ei ole toivoa, että voisit voittaa hänet"
"Estoy encantado con la amable y generosa oferta de Bella"
"Olen ihastunut kauneuden ystävälliseen ja anteliaan tarjoukseen"
"pero no puedo aceptar su generosidad"
"mutta en voi hyväksyä hänen anteliaisuuttaan"
"Soy viejo y no me queda mucho tiempo de vida"
"Olen vanha, eikä minulla ole enää kauan elinaikaa"
"Así que sólo puedo perder unos pocos años"
"joten voin menettää vain muutaman vuoden"
"Tiempo que lamento por vosotros, mis queridos hijos"
"aika, jota kadun teidän puolestanne, rakkaat lapseni"
"Pero padre", dijo Bella
"Mutta isä", sanoi kaunotar
"No irás al palacio sin mí"
"et mene palatsiin ilman minua"
"No puedes impedir que te siga"
"et voi estää minua seuraamasta sinua"
Nada podría convencer a Bella de lo contrario.
mikään ei voisi vakuuttaa kauneutta toisin
Ella insistió en ir al bello palacio.
hän vaati menevänsä hienoon palatsiin
y sus hermanas estaban encantadas con su insistencia
ja hänen sisarensa olivat iloisia hänen vaatimuksestaan
El comerciante estaba preocupado ante la idea de perder a su hija.
Kauppias oli huolissaan ajatuksesta, että hän menettäisi tyttärensä

Estaba tan preocupado que se había olvidado del cofre lleno de oro.
hän oli niin huolissaan, että hän oli unohtanut arkun, joka oli täynnä kultaa
Por la noche se retiró a descansar y cerró la puerta de su habitación.
yöllä hän vetäytyi lepäämään ja sulki kammionsa oven
Entonces, para su gran asombro, encontró el tesoro junto a su cama.
sitten hän suureksi hämmästyksekseen löysi aarteen vuoteensa vierestä
Estaba decidido a no contárselo a sus hijos.
hän oli päättänyt olla kertomatta lapsilleen
Si lo supieran, hubieran querido regresar al pueblo.
jos he olisivat tienneet, he olisivat halunneet palata kaupunkiin
y estaba decidido a no abandonar el campo
ja hän päätti olla lähtemättä maaseudulta
Pero él confió a Bella el secreto.
mutta hän luotti salaisuuden kauneuteen
Ella le informó que dos caballeros habían llegado.
hän ilmoitti hänelle, että kaksi herraa oli saapunut
y le hicieron propuestas a sus hermanas
ja he tekivät ehdotuksia hänen sisarilleen
Ella le rogó a su padre que consintiera su matrimonio.
hän pyysi isäänsä suostumaan heidän avioliittoonsa
y ella le pidió que les diera algo de su fortuna
ja hän pyysi häntä antamaan heille osan omaisuudestaan
Ella ya los había perdonado.
hän oli jo antanut heille anteeksi
Las malvadas criaturas se frotaron los ojos con cebollas.
pahat olennot hieroivat silmiään sipulilla
Para forzar algunas lágrimas cuando se separaron de su hermana.
pakottaakseen kyyneleitä, kun he erosivat sisarensa kanssa
Pero sus hermanos realmente estaban preocupados.

mutta hänen veljensä olivat todella huolissaan
Bella fue la única que no derramó ninguna lágrima.
kaunotar oli ainoa, joka ei vuodattanut kyyneleitä
Ella no quería aumentar su malestar.
hän ei halunnut lisätä heidän levottomuuttaan
El caballo tomó el camino directo al palacio.
hevonen kulki suoraa tietä palatsiin
y hacia la tarde vieron el palacio iluminado
ja illalla he näkivät valaistun palatsin
El caballo volvió a entrar solo en el establo.
hevonen vei itsensä taas talliin
Y el buen hombre y su hija entraron en el gran salón.
ja hyvä mies ja hänen tyttärensä menivät suureen saliin
Aquí encontraron una mesa espléndidamente servida.
täältä he löysivät pöydän, joka oli upeasti katettu
El comerciante no tenía apetito para comer
kauppiaalla ei ollut ruokahalua
Pero Bella se esforzó por parecer alegre.
mutta kauneus yritti näyttää iloiselta
Ella se sentó a la mesa y ayudó a su padre.
hän istui pöytään ja auttoi isäänsä
Pero también pensó para sí misma:
mutta hän ajatteli myös itsekseen:
"La bestia seguramente quiere engordarme antes de comerme"
"Peto haluaa varmasti lihottaa minut ennen kuin syö minut"
"Por eso ofrece tanto entretenimiento"
"Siksi hän tarjoaa niin runsasta viihdettä"
Después de haber comido oyeron un gran ruido.
syötyään he kuulivat suurta melua
Y el comerciante se despidió de su desdichado hijo con lágrimas en los ojos.
ja kauppias jätti onnettoman lapsensa hyvästit kyyneleet silmissään
Porque sabía que la bestia venía
koska hän tiesi, että peto oli tulossa

Bella estaba aterrorizada por su horrible forma.
kaunotar oli kauhuissaan hänen kauheasta muodostaan
Pero ella tomó coraje lo mejor que pudo.
mutta hän uskalsi niin hyvin kuin pystyi
Y el monstruo le preguntó si venía voluntariamente.
ja hirviö kysyi häneltä tuliko hän mielellään
-Sí, he venido voluntariamente -dijo temblando.
"Kyllä, olen tullut mielelläni", hän sanoi vapisten
La bestia respondió: "Eres muy bueno"
peto vastasi: "Olet erittäin hyvä"
"Y te lo agradezco mucho, hombre honesto"
"Ja olen erittäin kiitollinen sinulle, rehellinen mies"
"Continuad vuestro camino mañana por la mañana"
"menkää tiesi huomisaamuna"
"Pero nunca pienses en venir aquí otra vez"
"mutta älä koskaan ajattele tulla tänne enää"
"Adiós bella, adiós bestia", respondió.
"Hyvästi kaunotar, jäähyväiset peto", hän vastasi
Y de inmediato el monstruo se retiró.
ja heti hirviö vetäytyi
"Oh, hija", dijo el comerciante.
"Voi tytär", sanoi kauppias
y abrazó a su hija una vez más
ja hän syleili tytärtään vielä kerran
"Estoy casi muerto de miedo"
"Olen melkein kuoliaaksi peloissani"
"Créeme, será mejor que regreses"
"Usko minua, sinun on parempi mennä takaisin"
"déjame quedarme aquí, en tu lugar"
"Anna minun jäädä tänne sinun sijaansi"
—No, padre —dijo Bella con tono decidido.
"Ei, isä", sanoi kaunotar päättäväisellä äänellä
"Partirás mañana por la mañana"
"Sinä lähdet huomenna aamulla"
"déjame al cuidado y protección de la providencia"
"jätä minut huolenpidon huoleksi ja suojelukseksi"

Aún así se fueron a la cama
siitä huolimatta he menivät nukkumaan
Pensaron que no cerrarían los ojos en toda la noche.
he luulivat, etteivät he sulkeisi silmiään koko yönä
pero justo cuando se acostaron se durmieron
mutta nukkuessaan he nukkuivat
Bella soñó que una bella dama se acercó y le dijo:
kaunotar näki unta, hieno nainen tuli ja sanoi hänelle:
"Estoy contento, bella, con tu buena voluntad"
"Olen tyytyväinen, kauneus, hyvään tahtoonne"
"Esta buena acción tuya no quedará sin recompensa"
"tämä hyvä tekosi ei jää palkitsematta"
Bella se despertó y le contó a su padre su sueño.
kaunotar heräsi ja kertoi isälleen unestaan
El sueño ayudó a consolarlo un poco.
unelma lohdutti häntä hieman
Pero no pudo evitar llorar amargamente mientras se marchaba.
mutta hän ei voinut olla itkemättä katkerasti lähteessään
Tan pronto como se fue, Bella se sentó en el gran salón y lloró también.
heti kun hän oli poissa, kauneus istui suuressa salissa ja myös itki
Pero ella decidió no sentirse inquieta.
mutta hän päätti olla levoton
Ella decidió ser fuerte por el poco tiempo que le quedaba de vida.
hän päätti olla vahva sen pienen ajan, joka hänellä oli jäljellä elääkseen
Porque creía firmemente que la bestia la comería.
koska hän uskoi lujasti, että peto syö hänet
Sin embargo, pensó que también podría explorar el palacio.
hän kuitenkin ajatteli, että hän voisi yhtä hyvin tutustua palatsiin
y ella quería ver el hermoso castillo
ja hän halusi katsella hienoa linnaa

Un castillo que no pudo evitar admirar.
linna, jota hän ei voinut olla ihailematta
Era un palacio deliciosamente agradable.
se oli ilahduttavan miellyttävä palatsi
y ella se sorprendió muchísimo al ver una puerta
ja hän oli erittäin yllättynyt nähdessään oven
Y sobre la puerta estaba escrito que era su habitación.
ja oven yli oli kirjoitettu, että se oli hänen huoneensa
Ella abrió la puerta apresuradamente
hän avasi oven hätäisesti
y ella quedó completamente deslumbrada con la magnificencia de la habitación.
ja hän oli aivan hämmentynyt huoneen loistosta
Lo que más le llamó la atención fue una gran biblioteca.
pääasiallisesti hänen huomionsa kiinnitti suuri kirjasto
Un clavicémbalo y varios libros de música.
cembalo ja useita musiikkikirjoja
"Bueno", se dijo a sí misma.
"No", hän sanoi itselleen
"Veo que la bestia no dejará que mi tiempo cuelgue pesadamente"
"Näen, että peto ei anna aikani roikkua raskaana"
Entonces reflexionó sobre su situación.
sitten hän pohti itsekseen tilannettaan
"Si me hubiera quedado un día, todo esto no estaría aquí"
"Jos minun olisi tarkoitus jäädä päiväksi, tämä kaikki ei olisi täällä"
Esta consideración le inspiró nuevo coraje.
tämä harkinta inspiroi häntä uutta rohkeutta
y tomó un libro de su nueva biblioteca
ja hän otti kirjan uudesta kirjastostaan
y leyó estas palabras en letras doradas:
ja hän luki nämä sanat kultaisin kirjaimin:
"Bienvenida Bella, destierra el miedo"
"Tervetuloa kauneus, karkota pelko"
"Eres reina y señora aquí"

"Olet kuningatar ja rakastajatar täällä"
"Di tus deseos, di tu voluntad"
"Puhu toiveesi, sano tahtosi"
"Aquí la obediencia rápida cumple tus deseos"
"Nopea tottelevaisuus täyttää toiveesi täällä"
"¡Ay!", dijo ella con un suspiro.
"Voi", sanoi hän huokaisten
"Lo que más deseo es ver a mi pobre padre"
"Ennen kaikkea haluan nähdä köyhän isäni"
"y me gustaría saber qué está haciendo"
"ja haluaisin tietää mitä hän tekee"
Tan pronto como dijo esto se dio cuenta del espejo.
Heti kun hän oli sanonut tämän, hän huomasi peilin
Para su gran asombro, vio su propia casa en el espejo.
suureksi hämmästyksekseen hän näki oman kotinsa peilistä
Su padre llegó emocionalmente agotado.
hänen isänsä saapui emotionaalisesti uupuneena
Sus hermanas fueron a recibirlo
hänen sisarensa menivät tapaamaan häntä
A pesar de sus intentos de parecer tristes, su alegría era visible.
huolimatta heidän yrityksistään näyttää surullisilta, heidän ilonsa oli näkyvää
Un momento después todo desapareció
hetken kuluttua kaikki katosi
Y las aprensiones de Bella también desaparecieron.
ja kauneuden pelko katosi myös
porque sabía que podía confiar en la bestia
sillä hän tiesi voivansa luottaa petoon
Al mediodía encontró la cena lista.
Keskipäivällä hän löysi illallisen valmiina
Ella se sentó a la mesa
hän istuutui pöytään
y se entretuvo con un concierto de música
ja häntä viihdytettiin musiikkikonsertilla
Aunque no podía ver a nadie

vaikka hän ei nähnyt ketään
Por la noche se sentó a cenar otra vez
yöllä hän istui taas illalliselle
Esta vez escuchó el ruido que hizo la bestia.
tällä kertaa hän kuuli melun, jota peto teki
y ella no pudo evitar estar aterrorizada
eikä hän voinut olla peloissaan
"belleza", dijo el monstruo
"kauneus", sanoi hirviö
"¿Me permites comer contigo?"
"sallitko minun syödä kanssasi?"
"Haz lo que quieras", respondió Bella temblando.
"Tee mitä tahdot", kaunotar vastasi vapisten
"No", respondió la bestia.
"Ei", vastasi peto
"Sólo tú eres la señora aquí"
"Sinä yksin olet rakastajatar täällä"
"Puedes despedirme si soy problemático"
"Voit lähettää minut pois, jos olen hankala"
"Despídeme y me retiraré inmediatamente"
"lähetä minut pois niin vetäydyn välittömästi"
-Pero dime, ¿no te parece que soy muy fea?
"Mutta, kerro minulle; enkö sinun mielestäsi ole kovin ruma?"
"Eso es verdad", dijo Bella.
"Se on totta", sanoi kaunotar
"No puedo decir una mentira"
"En voi valehdella"
"Pero creo que tienes muy buen carácter"
"mutta uskon, että olet erittäin hyväluonteinen"
"Sí, lo soy", dijo el monstruo.
"Olen todellakin", sanoi hirviö
"Pero aparte de mi fealdad, tampoco tengo sentido"
"Mutta rumuuteni lisäksi minulla ei ole myöskään järkeä"
"Sé muy bien que soy una criatura tonta"
"Tiedän erittäin hyvin, että olen typerä olento"
—No es ninguna locura pensar así —replicó Bella.

"Ei ole hulluuden merkki ajatella niin", vastasi kaunotar
"Come entonces, bella", dijo el monstruo.
"Syö sitten, kaunotar", sanoi hirviö
"Intenta divertirte en tu palacio"
"yritä viihdyttää itseäsi palatsissasi"
"Todo aquí es tuyo"
"kaikki täällä on sinun"
"Y me sentiría muy incómodo si no fueras feliz"
"ja olisin hyvin levoton, jos et olisi onnellinen"
-Eres muy servicial -respondió Bella.
"Olet erittäin kohtelias", vastasi kaunotar
"Admito que estoy complacido con su amabilidad"
"Myönnän, että olen iloinen ystävällisyydestäsi"
"Y cuando considero tu bondad, apenas noto tus deformidades"
"ja kun ajattelen ystävällisyyttäsi, en juurikaan huomaa epämuodostumiasi"
"Sí, sí", dijo la bestia, "mi corazón es bueno".
"Kyllä, kyllä", sanoi peto, "sydämeni on hyvä
"Pero aunque soy bueno, sigo siendo un monstruo"
"mutta vaikka olen hyvä, olen silti hirviö"
"Hay muchos hombres que merecen ese nombre más que tú"
"On monia miehiä, jotka ansaitsevat sen nimen enemmän kuin sinä"
"Y te prefiero tal como eres"
"ja pidän sinusta parempana sellaisena kuin olet"
"y te prefiero más que a aquellos que esconden un corazón ingrato"
"ja minä pidän sinusta enemmän kuin niistä, jotka kätkevät kiittämättömän sydämen"
"Si tuviera algo de sentido común", respondió la bestia.
"Jos minulla vain olisi järkeä", vastasi peto
"Si tuviera sentido común, te haría un buen cumplido para agradecerte"
"Jos minulla olisi järkeä, tekisin hienon kohteliaisuuden kiittääkseni sinua"

"Pero soy tan aburrida"
"mutta olen niin tylsä"
"Sólo puedo decir que le estoy muy agradecido"
"Voin vain sanoa, että olen erittäin kiitollinen sinulle"
Bella comió una cena abundante
kaunotar söi runsaan illallisen
y ella casi había superado su miedo al monstruo
ja hän oli melkein voittanut pelkonsa hirviötä kohtaan
Pero ella quería desmayarse cuando la bestia le hizo la siguiente pregunta.
mutta hän halusi pyörtyä, kun peto kysyi häneltä seuraavan kysymyksen
"Belleza, ¿quieres ser mi esposa?"
"Kaunotar, tuletko vaimokseni?"
Ella tardó un tiempo antes de poder responder.
hän kesti jonkin aikaa ennen kuin ehti vastata
Porque tenía miedo de hacerlo enojar
koska hän pelkäsi saada hänet vihaiseksi
Al final, sin embargo, dijo: "No, bestia".
Lopulta hän kuitenkin sanoi "ei, peto"
Inmediatamente el pobre monstruo silbó muy espantosamente.
heti köyhä hirviö sihisi hyvin pelokkaasti
y todo el palacio hizo eco
ja koko palatsi kaikui
Pero Bella pronto se recuperó de su susto.
mutta kauneus toipui pian pelostaan
porque la bestia volvió a hablar con voz triste
koska peto puhui taas surullisella äänellä
"Entonces adiós, belleza"
"Sitten hyvästi, kaunotar"
y sólo se volvía de vez en cuando
ja hän kääntyi vain silloin tällöin
mirarla mientras salía
katsomaan häntä hänen lähtiessään ulos
Ahora Bella estaba sola otra vez

nyt kauneus oli taas yksin
Ella sintió mucha compasión
hän tunsi suurta myötätuntoa
"Ay, es una lástima"
"Voi, se on tuhat sääli"
"algo tan bueno no debería ser tan feo"
"mikään niin hyvälaatuinen ei saa olla niin rumaa"
Bella pasó tres meses muy contenta en palacio.
kaunotar vietti kolme kuukautta erittäin tyytyväisenä palatsissa
Todas las noches la bestia le hacía una visita.
joka ilta peto kävi hänen luonaan
y hablaron durante la cena
ja he puhuivat illallisen aikana
Hablaban con sentido común
he puhuivat terveellä järjellä
Pero no hablaban con lo que la gente llama ingenio.
mutta he eivät puhuneet sillä, mitä ihmiset kutsuvat nokkelaksi
Bella siempre descubre algún carácter valioso en la bestia.
kaunotar löysi aina jonkin arvokkaan hahmon pedosta
y ella se había acostumbrado a su deformidad
ja hän oli tottunut hänen epämuodostumaansa
Ella ya no temía el momento de su visita.
hän ei enää pelännyt hänen vierailunsa aikaa
Ahora a menudo miraba su reloj.
nyt hän katsoi usein kelloaan
y ella no podía esperar a que fueran las nueve en punto
ja hän ei malttanut odottaa, että kello olisi yhdeksän
Porque la bestia nunca dejaba de venir a esa hora
koska peto ei koskaan jäänyt tulematta tuohon aikaan
Sólo había una cosa que preocupaba a Bella.
oli vain yksi asia, joka koski kauneutta
Todas las noches antes de irse a dormir la bestia le hacía la misma pregunta.
joka ilta ennen kuin hän meni nukkumaan, peto kysyi häneltä

saman kysymyksen
El monstruo le preguntó si sería su esposa.
hirviö kysyi häneltä, olisiko hän hänen vaimonsa
Un día ella le dijo: "bestia, me pones muy nerviosa"
eräänä päivänä hän sanoi hänelle: "Peto, teet minut hyvin levottomaksi"
"Me gustaría poder consentir en casarme contigo"
"Toivon, että voisin suostua naimisiin kanssasi"
"Pero soy demasiado sincero para hacerte creer que me casaría contigo"
"mutta olen liian vilpitön saadakseen sinut uskomaan, että menisin naimisiin kanssasi"
"nuestro matrimonio nunca se realizará"
"Avioliittomme ei tule koskaan toteutumaan"
"Siempre te veré como un amigo"
"Näen sinut aina ystävänä"
"Por favor, trate de estar satisfecho con esto"
"Yrittäkää olla tyytyväinen tähän"
"Debo estar satisfecho con esto", dijo la bestia.
"Minun täytyy olla tyytyväinen tähän", sanoi peto
"Conozco mi propia desgracia"
"Tiedän oman onnettomuuteni"
"pero te amo con el más tierno cariño"
"mutta rakastan sinua helläimmällä kiintymyksellä "
"Sin embargo, debo considerarme feliz"
"Minun pitäisi kuitenkin pitää itseäni onnellisena"
"Y me alegraría que te quedaras aquí"
"ja minun pitäisi olla onnellinen, että pysyt täällä"
"Prométeme que nunca me dejarás"
"lupaa minulle, ettet koskaan jätä minua"
Bella se sonrojó ante estas palabras.
kaunotar punastui näistä sanoista
Un día Bella se estaba mirando en el espejo.
eräänä päivänä kaunotar katsoi peiliinsä
Su padre se había preocupado muchísimo por ella.
hänen isänsä oli huolissaan sairaana hänen puolestaan

Ella anhelaba verlo de nuevo más que nunca.
hän halusi nähdä hänet uudelleen enemmän kuin koskaan
"Podría prometerte que nunca te abandonaré por completo"
"Voisin luvata, etten koskaan jätä sinua kokonaan"
"Pero tengo un deseo tan grande de ver a mi padre"
"mutta minulla on niin suuri halu nähdä isäni"
"Me molestaría muchísimo si dijeras que no"
"Olisin mahdottoman järkyttynyt, jos sanoisit ei"
"Preferiría morir yo mismo", dijo el monstruo.
"Minä olisin mieluummin kuollut itse", sanoi hirviö
"Prefiero morir antes que hacerte sentir incómodo"
"Kuolen mieluummin kuin saattaisin sinut tuntemaan levottomuutta"
"Te enviaré con tu padre"
"Lähetän sinut isäsi luo"
"permanecerás con él"
"Sinä jäät hänen luokseen"
"y esta desafortunada bestia morirá de pena en su lugar"
"ja tämä onneton peto kuolee sen sijaan suruun"
"No", dijo Bella, llorando.
"Ei", kaunotar sanoi itkien
"Te amo demasiado para ser la causa de tu muerte"
"Rakastan sinua liian paljon ollakseni kuolemasi syy"
"Te doy mi promesa de regresar en una semana"
"Annan sinulle lupaukseni palata viikon kuluttua"
"Me has demostrado que mis hermanas están casadas"
"Olet näyttänyt minulle, että sisareni ovat naimisissa"
"y mis hermanos se han ido al ejército"
"ja veljeni ovat menneet armeijaan"
"déjame quedarme una semana con mi padre, ya que está solo"
"Anna minun olla viikon isäni luona, koska hän on yksin"
"Estarás allí mañana por la mañana", dijo la bestia.
"Olet siellä huomenna aamulla", sanoi peto
"pero recuerda tu promesa"
"Mutta muista lupauksesi"

"Solo tienes que dejar tu anillo sobre una mesa antes de irte a dormir"
"Sinun tarvitsee vain laittaa sormus pöydälle ennen nukkumaanmenoa"
"Y luego serás traído de regreso antes de la mañana"
"ja sitten sinut tuodaan takaisin ennen aamua"
"Adiós querida belleza", suspiró la bestia.
"Hyvästi, rakas kaunotar", huokasi peto
Bella se fue a la cama muy triste esa noche.
kaunotar meni nukkumaan hyvin surullisena sinä iltana
Porque no quería ver a la bestia tan preocupada.
koska hän ei halunnut nähdä petoa niin huolestuneena
A la mañana siguiente se encontró en la casa de su padre.
seuraavana aamuna hän löysi itsensä isänsä kodista
Ella hizo sonar una campanita junto a su cama.
hän soitti pientä kelloa sänkynsä vieressä
y la criada dio un grito fuerte
ja piika huusi kovaa
y su padre corrió escaleras arriba
ja hänen isänsä juoksi yläkertaan
Él pensó que iba a morir de alegría.
hän luuli kuolevansa iloon
La sostuvo en sus brazos durante un cuarto de hora.
hän piti häntä sylissään neljänneksen tunnin ajan
Finalmente los primeros saludos terminaron.
lopulta ensimmäiset terveiset olivat ohi
Bella empezó a pensar en levantarse de la cama.
kaunotar alkoi miettiä sängystä nousemista
pero se dio cuenta de que no había traído ropa
mutta hän tajusi, ettei ollut tuonut vaatteita
pero la criada le dijo que había encontrado una caja
mutta piika kertoi löytäneensä laatikon
El gran baúl estaba lleno de vestidos y batas.
iso tavaratila oli täynnä pukuja ja mekkoja
Cada vestido estaba cubierto de oro y diamantes.
jokainen puku oli päällystetty kullalla ja timantilla

Bella agradeció a la Bestia por su amable atención.
kaunotar kiitti petoa ystävällisestä hoidostaan
y tomó uno de los vestidos más sencillos
ja hän otti yhden selkeimmistä mekoista
Ella tenía la intención de regalar los otros vestidos a sus hermanas.
hän aikoi antaa muut mekot sisarilleen
Pero ante ese pensamiento el arcón de ropa desapareció.
mutta siinä ajatuksessa vaatearkku katosi
La bestia había insistido en que la ropa era solo para ella.
peto oli vaatinut, että vaatteet olivat vain hänelle
Su padre le dijo que ese era el caso.
hänen isänsä kertoi hänelle, että näin oli
Y enseguida volvió el baúl de la ropa.
ja heti vaatteet palasivat takaisin
Bella se vistió con su ropa nueva
kaunotar pukeutui uusiin vaatteisiinsa
Y mientras tanto las doncellas fueron a buscar a sus hermanas.
ja sillä välin piiat menivät etsimään hänen sisaruksiaan
Ambas hermanas estaban con sus maridos.
molemmat hänen sisarensa olivat miehensä kanssa
Pero sus dos hermanas estaban muy infelices.
mutta molemmat hänen sisarensa olivat hyvin onnettomia
Su hermana mayor se había casado con un caballero muy guapo.
hänen vanhin sisarensa oli naimisissa erittäin komean herrasmiehen kanssa
Pero estaba tan enamorado de sí mismo que descuidó a su esposa.
mutta hän oli niin rakas itseensä, että hän laiminlyö vaimonsa
Su segunda hermana se había casado con un hombre ingenioso.
hänen toinen sisarensa oli mennyt naimisiin nokkelan miehen kanssa
Pero usó su ingenio para atormentar a la gente.

mutta hän käytti älykkyyttään ihmisten kiusaamiseen
Y atormentaba a su esposa sobre todo.
ja hän kiusasi vaimoaan eniten
Las hermanas de Bella la vieron vestida como una princesa
kauneuden sisaret näkivät hänet pukeutuneena kuin prinsessa
y se enfermaron de envidia
ja he saivat kateudesta
Ahora estaba más bella que nunca
nyt hän oli kauniimpi kuin koskaan
Su comportamiento cariñoso no pudo sofocar sus celos.
hänen hellä käytöksensä ei voinut tukahduttaa heidän mustasukkaisuuttaan
Ella les contó lo feliz que estaba con la bestia.
hän kertoi heille kuinka onnellinen hän oli pedon kanssa
y sus celos estaban a punto de estallar
ja heidän kateutensa oli valmis puhkeamaan
Bajaron al jardín a llorar su desgracia.
He menivät alas puutarhaan itkemään epäonneaan
"¿En qué sentido esta pequeña criatura es mejor que nosotros?"
"Millä tavalla tämä pieni olento on meitä parempi?"
"¿Por qué debería estar mucho más feliz?"
"Miksi hänen pitäisi olla niin paljon onnellisempi?"
"Hermana", dijo la hermana mayor.
"Sisko", sanoi vanhempi sisko
"Un pensamiento acaba de golpear mi mente"
"Ajatus iski mieleeni"
"Intentemos mantenerla aquí más de una semana"
"Yritetään pitää hänet täällä yli viikon"
"Quizás esto enfurezca al tonto monstruo"
"ehkä tämä raivoaa typerän hirviön"
"porque ella hubiera faltado a su palabra"
"koska hän olisi rikkonut sanansa"
"y entonces podría devorarla"
"ja sitten hän saattaa niellä hänet"
"Esa es una gran idea", respondió la otra hermana.

"Se on hieno idea", vastasi toinen sisko
"**Debemos mostrarle la mayor amabilidad posible**"
"Meidän täytyy osoittaa hänelle niin paljon ystävällisyyttä kuin mahdollista"
Las hermanas tomaron esta resolución
sisaret tekivät tämän päätöksensä
y se comportaron con mucho cariño con su hermana
ja he käyttäytyivät hyvin hellästi siskoaan kohtaan
La pobre belleza lloró de alegría por toda su bondad.
köyhä kaunotar itki ilosta kaikesta heidän ystävällisyydestään
Cuando la semana se cumplió, lloraron y se arrancaron el pelo.
kun viikko oli kulunut umpeen, he itkivät ja repivät hiuksiaan
Parecían muy apenados por separarse de ella.
he näyttivät niin pahoilta erota hänestä
y Bella prometió quedarse una semana más
ja kauneus lupasi viipyä viikon pidempään
Mientras tanto, Bella no pudo evitar reflexionar sobre sí misma.
Sillä välin kauneus ei voinut olla pohtimatta itseään
Ella se preocupaba por lo que le estaba haciendo a la pobre bestia.
hän oli huolissaan siitä, mitä hän teki pedolle
Ella sabía que lo amaba sinceramente.
hän tietää rakastavansa häntä vilpittömästi
Y ella realmente anhelaba verlo otra vez.
ja hän todella halusi nähdä hänet uudelleen
La décima noche también la pasó en casa de su padre.
kymmenennen yön hän vietti myös isänsä luona
Ella soñó que estaba en el jardín del palacio.
hän unelmoi olevansa palatsin puutarhassa
y soñó que veía a la bestia extendida sobre la hierba
ja hän näki unta näkevänsä pedon ruoholla
Parecía reprocharle con voz moribunda
hän näytti moittelevan häntä kuolevalla äänellä
y la acusó de ingratitud

ja hän syytti häntä kiittämättömyydestä
Bella se despertó de su sueño.
kaunotar heräsi unestaan
y ella estalló en lágrimas
ja hän purskahti itkuun
"¿No soy muy malvado?"
"Enkö ole kovin ilkeä?"
"¿No fue cruel de mi parte actuar tan cruelmente con la bestia?"
"Eikö ollut julmaa, että toimin niin epäystävällisesti pedolle?"
"La bestia hizo todo lo posible para complacerme"
"peto teki kaikkensa miellyttääkseen minua"
-¿Es culpa suya que sea tan feo?
"Onko hänen syynsä, että hän on niin ruma?"
¿Es culpa suya que tenga tan poco ingenio?
"Onko hänen syynsä, että hänellä on niin vähän järkeä?"
"Él es amable y bueno, y eso es suficiente"
"Hän on ystävällinen ja hyvä, ja se riittää"
"¿Por qué me negué a casarme con él?"
"Miksi kieltäydyin menemästä hänen kanssaan naimisiin?"
"Debería estar feliz con el monstruo"
"Minun pitäisi olla tyytyväinen hirviöön"
"Mira los maridos de mis hermanas"
"Katsokaa sisarteni aviomiehiä"
"ni el ingenio ni la belleza los hacen buenos"
"nokkeluus eikä komeus tee heistä hyviä"
"Ninguno de sus maridos las hace felices"
"kumpikaan heidän aviomiehistään ei tee heitä onnelliseksi"
"pero virtud, dulzura de carácter y paciencia"
"mutta hyve, luonteen suloisuus ja kärsivällisyys"
"Estas cosas hacen feliz a una mujer"
"nämä asiat tekevät naisen onnelliseksi"
"y la bestia tiene todas estas valiosas cualidades"
"ja pedolla on kaikki nämä arvokkaat ominaisuudet"
"Es cierto; no siento la ternura del afecto por él"
"se on totta; en tunne kiintymyksen hellyyttä häntä kohtaan"

"Pero encuentro que tengo la más alta gratitud por él"
"mutta huomaan olevani erittäin kiitollinen hänestä"
"y tengo por él la más alta estima"
"ja minä arvostan häntä eniten"
"y él es mi mejor amigo"
"ja hän on paras ystäväni"
"No lo haré miserable"
"En tee hänestä kurjaa"
"Si fuera tan desagradecido nunca me lo perdonaría"
"Jos olisin niin kiittämätön, en koskaan antaisi itselleni anteeksi"
Bella puso su anillo sobre la mesa.
kaunotar laittoi sormuksensa pöydälle
y ella se fue a la cama otra vez
ja hän meni uudestaan nukkumaan
Apenas estaba en la cama cuando se quedó dormida.
tuskin hän oli sängyssä ennen nukahtamistaan
Ella se despertó de nuevo a la mañana siguiente.
hän heräsi taas seuraavana aamuna
Y ella estaba muy contenta de encontrarse en el palacio de la bestia.
ja hän oli äärettömän iloinen löytäessään itsensä pedon palatsista
Ella se puso uno de sus vestidos más bonitos para complacerlo.
hän puki yhden kauneimmista mekoistaan miellyttääkseen häntä
y ella esperó pacientemente la tarde
ja hän odotti kärsivällisesti iltaa
llegó la hora deseada
koitti toivottu tunti
El reloj dio las nueve, pero ninguna bestia apareció
kello löi yhdeksän, mutta petoa ei ilmestynyt
Bella entonces temió haber sido la causa de su muerte.
kaunotar sitten pelkäsi, että hän oli ollut hänen kuolemansa syy

Ella corrió llorando por todo el palacio.
hän juoksi itkien ympäri palatsia
Después de haberlo buscado por todas partes, recordó su sueño.
etsittyään häntä kaikkialta, hän muisti unensa
y ella corrió hacia el canal en el jardín
ja hän juoksi puutarhassa olevalle kanavalle
Allí encontró a la pobre bestia tendida.
sieltä hän löysi köyhän pedon ojennettuna
y estaba segura de que lo había matado
ja hän oli varma tappaneensa hänet
Ella se arrojó sobre él sin ningún temor.
hän heittäytyi hänen kimppuunsa ilman pelkoa
Su corazón todavía latía
hänen sydämensä löi edelleen
Ella fue a buscar un poco de agua al canal.
hän haki vettä kanavasta
y derramó el agua sobre su cabeza
ja hän kaatoi vettä hänen päähänsä
La bestia abrió los ojos y le habló a Bella.
peto avasi silmänsä ja puhui kauneudelle
"Olvidaste tu promesa"
"Unohdit lupauksesi"
"Me rompió el corazón haberte perdido"
"Olin niin särkynyt, kun menetin sinut"
"Resolví morirme de hambre"
"Päätin nähdä itseni nälkään"
"pero tengo la felicidad de verte una vez más"
"Mutta minulla on ilo nähdä sinut vielä kerran"
"Así tengo el placer de morir satisfecho"
"niin minulla on ilo kuolla tyytyväisenä"
"No, querida bestia", dijo Bella, "no debes morir".
"Ei, rakas peto", sanoi kaunotar, "et saa kuolla"
"Vive para ser mi marido"
"Elä ollakseni mieheni"
"Desde este momento te doy mi mano"

"Tästä hetkestä lähtien annan sinulle käteni"
"Y juro no ser nadie más que tuyo"
"Ja vannon, että olen vain sinun"
"¡Ay! Creí que sólo tenía una amistad para ti"
"Voi! Luulin, että minulla on vain ystävyys sinua varten"
"Pero el dolor que ahora siento me convence;"
"mutta suru, jota nyt tunnen, vakuuttaa minut;"
"No puedo vivir sin ti"
"En voi elää ilman sinua"
Bella apenas había dicho estas palabras cuando vio una luz.
kauneus tuskin oli sanonut nämä sanat nähdessään valon
El palacio brillaba con luz
palatsi kimalteli valoa
Los fuegos artificiales iluminaron el cielo
ilotulitus valaisi taivaan
y el aire se llenó de música
ja ilma täynnä musiikkia
Todo daba aviso de algún gran acontecimiento
kaikki kertoi jostain suuresta tapahtumasta
Pero nada podía captar su atención.
mutta mikään ei voinut kiinnittää hänen huomionsa
Ella se volvió hacia su querida bestia.
hän kääntyi rakkaan pedon puoleen
La bestia por la que ella temblaba de miedo
peto , jonka vuoksi hän vapisi pelosta
¡Pero su sorpresa fue grande por lo que vio!
mutta hänen yllätyksensä oli suuri näkemästään!
La bestia había desaparecido
peto oli kadonnut
En cambio, vio al príncipe más encantador.
sen sijaan hän näki ihanimman prinssin
Ella había puesto fin al hechizo.
hän oli lopettanut loitsun
Un hechizo bajo el cual se parecía a una bestia.
loitsu, jossa hän muistutti petoa
Este príncipe era digno de toda su atención.

tämä prinssi oli kaiken huomionsa arvoinen
Pero no pudo evitar preguntar dónde estaba la bestia.
mutta hän ei voinut olla kysymättä, missä peto oli
"Lo ves a tus pies", dijo el príncipe.
"Näet hänet jaloissasi", sanoi prinssi
"Un hada malvada me había condenado"
"Paha keiju oli tuominnut minut"
"Debía permanecer en esa forma hasta que una hermosa princesa aceptara casarse conmigo"
"Minun piti pysyä siinä muodossa, kunnes kaunis prinsessa suostui naimisiin kanssani"
"El hada ocultó mi entendimiento"
"keiju piilotti ymmärrykseni"
"Fuiste el único lo suficientemente generoso como para quedar encantado con la bondad de mi temperamento"
"Sinä olit ainoa tarpeeksi antelias ollakseen ihastunut luonteeni hyvyyteen"
Bella quedó felizmente sorprendida
kaunotar yllätti iloisesti
Y le dio la mano al príncipe encantador.
ja hän antoi hurmaavalle prinssille kätensä
Entraron juntos al castillo
he menivät yhdessä linnaan
Y Bella se alegró mucho al encontrar a su padre en el castillo.
ja kauneus oli äärettömän iloinen löydettyään isänsä linnasta
y toda su familia estaba allí también
ja koko hänen perheensä oli myös siellä
Incluso Bella dama que apareció en su sueño estaba allí.
Jopa hänen unessaan ilmestynyt kaunis nainen oli siellä
"Belleza", dijo la dama del sueño.
"kauneus", sanoi nainen unesta
"ven y recibe tu recompensa"
"Tule ja vastaanota palkintosi"
"Has preferido la virtud al ingenio o la apariencia"
"Olet mieluummin hyve kuin äly tai ulkonäkö"
"Y tú mereces a alguien en quien se unan estas cualidades"

"ja ansaitset jonkun, jossa nämä ominaisuudet yhdistyvät"
"vas a ser una gran reina"
"sinusta tulee mahtava kuningatar"
"Espero que el trono no disminuya vuestra virtud"
"Toivon, että valtaistuin ei vähennä hyvettäsi"
Entonces el hada se volvió hacia las dos hermanas.
sitten keiju kääntyi kahden sisaruksen puoleen
"He visto dentro de vuestros corazones"
"Olen nähnyt sydämesi sisällä"
"Y sé toda la malicia que contienen vuestros corazones"
"ja minä tiedän kaiken pahan, mitä sydämesi sisältää"
"Ustedes dos se convertirán en estatuas"
"teistä kahdesta tulee patsaita"
"pero mantendréis vuestras mentes"
"mutta pidät mielessäsi"
"estarás a las puertas del palacio de tu hermana"
"sinun tulee seisoa sisaresi palatsin porteilla"
"La felicidad de tu hermana será tu castigo"
"sisaresi onnellisuus on sinun rangaistuksesi"
"No podréis volver a vuestros antiguos estados"
"et voi palata entisiin valtioihisi"
"A menos que ambos admitan sus errores"
"ellette molemmat tunnusta virheitänne"
"Pero preveo que siempre permaneceréis como estatuas"
"mutta minä oletan, että pysytte aina patsaisina"
"El orgullo, la ira, la gula y la ociosidad a veces se vencen"
"Ylpeys, viha, ahneus ja joutilaisuus voitetaan joskus"
" pero la conversión de las mentes envidiosas y maliciosas son milagros"
" mutta kateellisten ja ilkeiden mielien kääntyminen on ihmeitä"
Inmediatamente el hada dio un golpe con su varita.
heti keiju löi sauvallaan
Y en un momento todos los que estaban en el salón fueron transportados.
ja hetkessä kaikki salissa olevat kuljetettiin

Habían entrado en los dominios del príncipe.
he olivat menneet prinssin valtakuntaan
Los súbditos del príncipe lo recibieron con alegría.
prinssin alamaiset ottivat hänet iloisesti vastaan
El sacerdote casó a Bella y la bestia
pappi naimisissa kaunotar ja pedon kanssa
y vivió con ella muchos años
ja hän asui hänen kanssaan monta vuotta
y su felicidad era completa
ja heidän onnensa oli täydellinen
porque su felicidad estaba fundada en la virtud
koska heidän onnensa perustui hyveeseen

                      El fin
                      Loppu

www.tranzlaty.com

www.ingramcontent.com/pod-product-compliance
Lightning Source LLC
Chambersburg PA
CBHW011555070526
44585CB00023B/2604